截拳道初学指南

舒拥军　编著

人民体育出版社

目 录

第一章 截拳道起源与发展简述 1

第一节 李小龙习武历程与截拳道发展简史 2
第二节 截拳道的技击思想 5
第三节 练习截拳道的益处 6
第四节 学习截拳道的态度 6
第五节 截拳道在全球的发展 7

第二章 截拳道基本技术 11

第一节 咏春拳基本技术介绍 12
  一、咏春拳桩 12
  二、咏春手法 17
  三、咏春腿法 25
  四、咏春黐手 29
第二节 截拳道警戒势 37
第三节 截拳道步法 39
  一、前后滑步 39
  二、左右侧移步 42

三、进退拖步 44
四、钟摆步 45
五、轴转步 46
第四节 截拳道拳法 47
一、直拳 48
二、挂捶 56
三、钩拳 58
四、转身鞭捶 66
第五节 截拳道腿法 68
一、前踢 68
二、勾踢 71
三、侧踢 73
四、拦门腿 75
五、直踢 77
六、后踢 79
七、逆勾踢 81
第六节 截拳道肘膝法 82
一、横击肘 83
二、上顶肘 85
三、砸肘 87
四、后击肘 89
五、直膝 90
六、侧撞膝 93
第七节 截拳道防守技法 95
一、接触式防守 95

二、非接触式防守　102

第三章　截拳道的战术应用　113

　第一节　击打目标的选择　114
　第二节　截拳道实战中的假动作应用　119
　第三节　截拳道简单与组合攻击法　126
　　一、简单攻击法　126
　　二、组合攻击法　130
　第四节　截拳道封手攻击法　138
　　一、封手攻击手法　138
　　二、封手攻击战例　142
　第五节　截拳道渐进间接攻击法　151

第四章　截拳道身体素质与手靶训练　157

　第一节　身体素质训练　158
　　一、柔韧性训练　158
　　二、力量训练　163
　　三、有氧训练　165
　第二节　手靶训练　166
　　一、定靶训练　167
　　二、活靶训练　171

第一章
截拳道
起源与发展简述

第一节　李小龙习武历程与
截拳道发展简史

　　1940年11月27日星期三，龙年，李小龙在美国三藩市出生。李小龙父亲李海泉为其取名"李振藩"，有"威震三藩"之意，同时，由医院的接生护士为其取英文名：Bruce Lee。

　　李海泉本为粤剧名角，故而年幼的李小龙得以接触演艺界并参与一些角色的扮演，数年浸淫，竟成炙手可热的著名童星，先后参演数十部卖座影片，如《细路祥》《雷雨》《人海孤鸿》等。

　　因拍戏需要，导演袁步云给其取艺名"李小龙"。

　　这一时期的李小龙不喜欢读书，常与一众发小街斗滋事。在一次以寡敌众的街斗中李小龙吃了亏，所以动了习武的念头。

　　1954年（有说1953年），在好朋友张卓庆的介绍下，李小龙拜入咏春拳名师叶问宗师门下，开始练习咏春拳。

　　习拳初始，由师兄黄淳樑代师授艺（注：由师兄代师授艺是中国传统武术界的一个独特现象，一般，多是在师傅事务缠身、精力不足的情况下才由师兄代授，此谓"开拳"）。

　　说起这个黄淳樑，也是一个故事蛮多的人物。他最初练习其他多门武术，后经人介绍找到叶问宗师的咏春拳馆。到拳馆后，黄淳樑并没有直接拜师，而是选择了先挑战再拜师的方式。在黄淳樑连续击败了几个拳馆的学生后，叶问宗师出手了，他不费吹灰之力就击败了黄淳樑。自此，黄淳樑拜入叶问宗师门下，潜心修习咏春拳，并由此开始了他"咏春讲手王"的武术生涯。

从黄淳樑拜师的故事中，我们可看出黄淳樑是一个极其好战的武者，据说，黄淳樑一生经历数百次实战。也正是这种好战的作风，香港拳术界给黄淳樑冠以"讲手王"的称谓。黄淳樑这种好战的作风，直接影响了李小龙，这可能也是李小龙练拳务实态度的起源点。

在练习咏春拳期间，李小龙还参加了圣·乔治书院主办的全港校际西洋拳比赛，并取得了冠军。

练习咏春拳的同时，李小龙还迷上了恰恰舞，并下苦功练习，有相当造诣，据说李小龙曾参加过香港某恰恰舞比赛并取得佳绩。后来，李小龙创建截拳道时，跳恰恰舞所练就的节奏感对他拳术的节奏控制有相当大的帮助。

为了提升拳艺，李小龙还向父亲的好友、著名拳师邵汉生师傅学习功力拳、节拳等北派拳术。

1959年，为了更好地发展，李小龙离开香港，来到美国华盛顿州，后到西雅图一所大学读书。读书期间，李小龙原本打算利用业余时间教同学们练习恰恰舞以挣取生活费用，后发现同学们对于中国功夫更感兴趣，遂改为教授咏春拳，期间收有杰西·格洛弗、詹姆斯·德迈尔等首批学生（杰西·格洛弗与詹姆斯·德迈尔后来在李小龙教授的功夫基础上分别创有"非传统功夫"与"咏春道"两种体系）。

日本人木村武之稍后也加入练习，在木村武之等人的鼓励下，1962年，李小龙在西雅图成立了他人生中的第一间武馆

"振藩国术馆"。

在教授学生咏春拳的同时,李小龙亦从一些擅长其他武术的学生身上吸取精华,并开始对自己所掌握的咏春拳进行改良,这一阶段的李小龙武术体系我们将其称为"振藩功夫"或"李氏改良咏春拳"。

1964年,李小龙来到了奥克兰,与弟子严镜海合作成立了新的"振藩国术馆"。

在奥克兰时期,由于李小龙坚持教授一些外国人练习中国功夫而受到了保守的传统武术家黄泽民的挑战,经过一番辛苦的打斗,李小龙击败了挑战者。事后,善于调查研究的李小龙对自己在这场打斗中的表现很不满意。他认为应该更快地击败对手,但咏春拳的局限性使他无法发挥,这就促使他对自己所掌握的传统武术体系进行了一系列的改革,并加强体能、反应等各种素质的训练。

经过改革后,李小龙的武学体系发生了蜕变,并逐渐超越了咏春拳的框架,最终形成了一个全新的武学体系——截拳道。

1965年,李小龙在写给弟子严镜海的信中这样说道:"我正在创立一种新的武术,主要是融合咏春拳、西洋击剑和拳击而成。等充分完成时,我会把它系统地整理下来。"

这之后,李小龙把奥克兰拳馆交给严镜海管理,而自己搬迁到洛杉矶,并再次开馆授徒。李小龙许多著名弟子多出自洛杉矶振藩国术馆,如丹·伊鲁山度、李恺、黄锦铭、杰瑞·泡蒂特等,这些弟子后来都成为传播截拳道的中流砥柱。

1967年7月,李小龙正式将这个新的武学体系命名为"截拳道",并在同年10月至11月的《黑带》杂志中正式对外公布了这个名称。

相对而言,在早期的截拳道或者说振藩功夫中,咏春拳的影响还占有较大比重,这一点我们可从《李小龙技击法》一书中有所管窥。

到了1969年后,李小龙开始更多地借鉴西洋击剑和拳击,对于咏春拳成分大加删减,余下的只是理念的演绎。从李小龙后期著名弟子黄锦铭传承的李小龙武术体系中可以看出,最后阶段的李小龙武术体系与其之前练习的咏春拳或者早期创建的振藩功夫体系都有着天壤之别,尽管如此,李小龙对于无限制自卫格斗的根本目标追求却一脉相承,从无更改。

以上,就是李小龙从学习咏春拳到创建截拳道的一个动态发展历程简述。

第二节 截拳道的技击思想

与传统的擂台格斗技不同,截拳道是非体育化、非竞技化的武道,不适合表演,只专注于真实街头遭遇战的自卫应用,强调对于不同格斗环境和不同风格对手的适应能力和自我直觉格斗能力的培养,以简单直接的本能反应和干净利落的技术动作速战速决是其本质特征。截拳道最高宗旨是"以无法为有法,以无限为有限",强调"无形无式",其原则就是吸收有用的技术动作,加上自己的专长,从而增强实战的能力,向学以致用的路线发展。其无花哨动作,亦无特定的招式,实战中,只求摧毁我们面前的敌人——毁灭一切阻碍和平、正义与人性的东西。因此在国际武术界,截拳道以其独特的高度实用性和科学性，又被称为"科学的街头格斗术"。

第三节　练习截拳道的益处

通过练习截拳道，可以发展练习者的速度、力量、灵敏、耐力、柔韧等身体素质，同时还能培养和发展勇敢、坚毅、果断、随机应变的素质和高度自制的能力。

另外，在生活节奏日益加快的当下社会，人们的压力渐渐增大，身体机能也会出现各种不良状况。通过练习截拳道，可以有效地改变这种状况，重新寻回内心的那份宁静。正如李小龙所言：修炼功夫的目的不是致力于击破石块或木板，而是用它影响我们的整个思想和生活方式，这是一条让我们揭开生命秘密的途径。

最后，练习截拳道还可以让我们在遇到突发的暴力袭击事件时，能够快速地做出正确的判断与反应，从而有效地保护自己。

第四节　学习截拳道的态度

有这样一则禅宗公案，是李小龙生前经常提到过的，或许，这则公案有些人曾经听过。李小龙认为这则公案阐明了一个很有启发意义的哲理，它可以柔化人的观点，开化人的脑筋。如果一个截拳道练习者能够明白这则公案的含义，就可以更好地理解截拳道。

公案中说一个有学问的人在拜访一位禅师时提出了许多问题，而当禅师回答这些问题时，这个有学问的人又不断插话表示自己已明白这些问题。最后，禅师不得不中止谈话而开始给这个有学问的人倒茶，虽然杯中茶水已满，但禅师并没有停手，直到茶水溢出杯外。这时，这个有学问人开始提醒禅师："茶杯已满了，不用再倒了。"禅师这才停下来，并告诉这个有学问的人说："如果你的茶杯不是空的，你怎么能品尝到我倒给你的茶？"

深得禅宗精髓的李小龙后来经常用这个公案来警示自己与学生。并指出，每一个截拳道练习者必须要时时抛弃自己陈旧的思想观念，而不断吸收新的方法和思想，这样才能获得真正有用的知识，从而保持无止境的创造力、适应力和发展力。

这也正是学习截拳道的态度："倒空你的茶杯，方可再行注满；空无以求全。"

第五节　截拳道在全球的发展

1973年7月20日，李小龙逝世后，为了让更多喜欢武术的人了解截拳道，他的一些弟子开始在美国开馆授徒。

经过李小龙这些弟子的努力，截拳道开始被越来越多的人认识，因其独特的格斗特性而被美国海军陆战队列为重要格斗课程之一。

1996年，李小龙的妻子琳达与女儿李香凝联合13位李小龙最杰出的弟子（这其中包括西雅图时期的木村武之、奥克兰时期的严镜海之子严万法和洛杉矶时期的李恺、黄锦铭、杰瑞·泡蒂特等）在美国西雅图成立"振藩截拳道核心"组织（注：现已解散，李香凝后来又成立了另一个类似的机构），旨在更好地保存李小龙遗产。

这个组织先后举办过多次李小龙纪念活动与截拳道讲习会，并根据李小龙遗留的手稿整理出版了数十本李小龙思想与截拳道方面的图书。

而美国弗吉尼亚州瑞德福（Radford）大学更是将截拳道列为一门正式的教学课程。参加截拳道实践课的大学生经过45课时的体能、技能和理论学习考核之后，可获得一定的学分。

在英国，因为有号称"白李小龙"的汤米·克鲁瑟斯的努力，使截拳道得以广泛传播。汤米·克鲁瑟斯先后跟随李小龙各个不同时期的多位顶峰弟子学习，2009年开始不定期来到中国教授截拳道。

在日本，截拳道亦被广泛传播，尽管李小龙在电影《精武门》中痛打日本人，但这并没有影响到日本人对李小龙的喜爱。

在日本，先后涌现多家研究李小龙与截拳道的组织，其中最为出名的人是丹·伊鲁山度的徒弟中村赖永与黄锦铭的徒弟渡边一弘。

中村赖永本为武道高手，曾习练多门拳术，后因喜爱截拳道，专程赴美跟随丹·伊鲁山度学习多年，获得丹·伊鲁山度颁发的教练证书，后回日本开办截拳道的专业道馆，在日本及亚洲其他地方开始推广截拳道，成绩斐然。

与中村赖永一样，渡边一弘在练习截拳道之前，也是一位武道修习有成的高手，后经人介绍，拜入黄锦铭门下，苦心修习截拳道，现在日本创有截拳道日本继传会，同时在中国台湾定期教授截拳道。

香港是李小龙出生与发展的重地,更是拥有无数的龙迷与截拳道爱好者。为了让截拳道在香港能够做到健康有序地传播,香港武术界名人陆地开始邀请黄锦铭、李恺等李小龙第一代顶峰弟子来香港授课,并获李小龙妻子琳达授权创建"振藩截拳道香港总会"。

另外,李小龙资深研究者黄耀强还联合几位同道成立了"香港李小龙会"。

因某种原因,直至20世纪80年代末,截拳道才在中国大陆陆续传播开来。1986年12月,漓江出版社出版了首部李小龙传记图书——《功夫巨星》,这本书由李小龙生前友人、美国著名影评家布洛克写作(英文原版名:THE LEGEND OF BRUCE LEE),高原编译。

1987年4月,国内最早研究李小龙的专家关文明根据李小龙原著汇编出《李小龙技击术汇宗》一书,这是国内出版的第一本有关李小龙技击术的书籍。

1988年2月,北京的戳脚名家钟海明与徐海潮联手翻译了《李小龙技击法》一书。该书英文原著名为《BRUCE LEE'S FIGHTING METHOD》,由李小龙亲自编写并与截拳道高足伊鲁山度、黄锦铭共同示范,弥足珍贵。原书写于1967年,但没有出版。李小龙逝世后,由他的朋友和学生、美国《黑带》杂志社经理水户上原编辑整理出版。

其后,国内先后又涌现了多家教授截拳道的武术馆校,很多教授其他拳术的武馆(校)也开始打着截拳道的幌子在招生。

有感于这种鱼龙混杂的现状,1996年,国内最早的截拳道传播者郝钢、朱建华、陈琦平联手发起"万里寻根、正本清源"的活动，并由郝钢、陈琦平远赴美国，跟随李小龙顶峰门徒木村武之、丹·伊鲁山度学习截拳道。

1999年，郝钢、朱建华、陈琦平同赴香港，参加黄锦铭的截拳道讲习班。

2008年，中国第一代的李小龙研究学者与截拳道传播者钟海明、石天龙、郝钢、朱建华首次联手，发起并成立了国内最大的截拳道组织——中国截拳道国际联盟。

2009年，应中国截拳道国际联盟之邀，李小龙洛杉矶时期的入室弟子李恺来到湖南娄底举办截拳道高峰讲习会，期间，李恺打破其不收弟子的规矩，收郝钢、朱建华两位为入室弟子。

同年，黄锦铭认证教练美国人麦克·鲁特尔（SiFu Mike Rutter）来到中国举办截拳道教练特训营，并为合格者颁发教练证书。

第二章
截拳道
基本技术

练好基本技术是发挥和提高截拳道技术水平的必经之路，是实现完成战略、战术以及在格斗中取得胜利的重要条件。基本技术掌握得扎实、标准，对于以后的格斗会有很大的促进作用。可惜的是，很多截拳道练习者总是忽视基本技术的练习，而试图跳过它直接进行一些"高深"的练习，却忘了"万丈高楼平地起"的道理。

为了让读者对于李小龙的武术发展脉络有一个清晰的了解，下面我们先从李小龙最初学习的咏春拳基本技术开始进行讲解。

第一节 咏春拳基本技术介绍

咏春拳,最早只限于广东佛山的小范围内传习,后经叶问宗师开枝散叶,才名扬海内外,被世人知晓。

咏春拳,技术简捷,有拳术三套:小念头、寻桥、标指。兵器则有八斩刀与六点半棍,再加上独有的木人桩练习法,仅此而已。

限于篇幅,这里只择咏春拳部分经典技术做简单介绍,有心者可参考相关咏春拳专著或选择跟随咏春拳师傅学习。

一、咏春拳桩

1. 二字钳羊马

与传统的四平马步不同的是,咏春拳的二字钳羊马以"马开半步"为度,两脚之间的距离极小。

【基本动作】

双脚并拢,双手握拳沿身体两侧上提至腋下,膝下沉,以脚跟为轴,双脚掌向外打开,动作不停,以脚掌为轴,双脚跟再向外打开,此时,双脚成内八字形状。双脚跟打开的同时胯需向身体前上方挺起(图2-1~图2-6)。

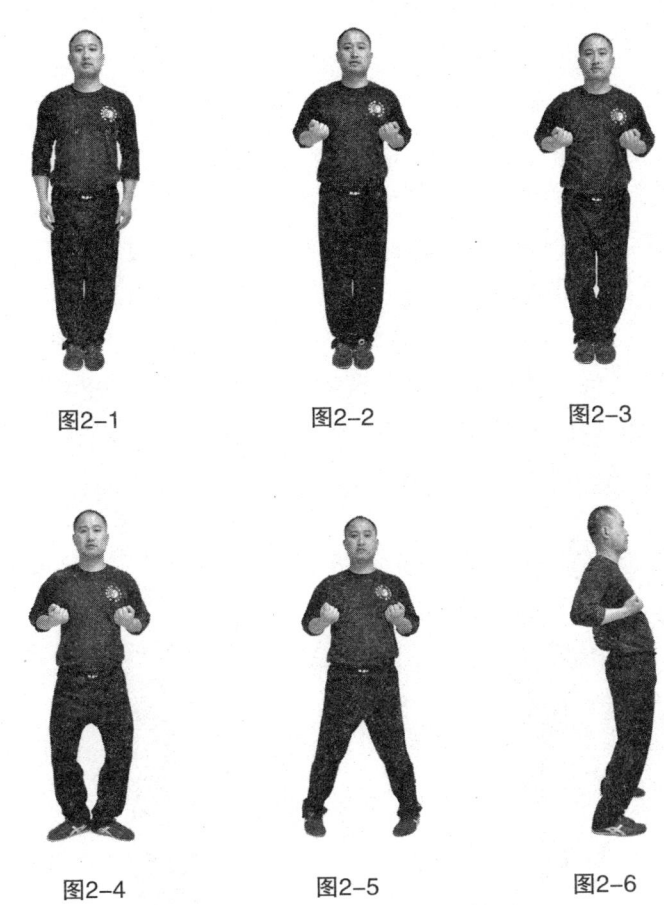

图2-1　　　　　　图2-2　　　　　　图2-3

图2-4　　　　　　图2-5　　　　　　图2-6

【动作要点】

一个标准的二字钳羊马完成后，身体放松，双膝内钳，含胸拔背，收腹，气沉丹田，后脑与足跟应处于一条直线的位置上。

2. 正身桩

正身桩是咏春拳的一个基本对敌格斗姿势，这一姿势可以有效地保护咏春拳手身体中心线以上的要害部位，如咽喉、心脏等。

【基本动作】

从二字钳羊马开始，双手成掌，沿身体中心线一前一后置放，置前的手臂略弯，指尖朝前，此谓"问手"，有探路、寻找攻击目标之意；置后的手臂略弯，指尖朝上，轻贴前肘位置，此谓"护手"，有保护身体之意（图2-7为右手置前的正身桩，图2-8则为左手置前的正身桩）。

图2-7

图2-8

【动作要点】

注意双肘需轻贴身体，不可外翻。

3. 转马

在咏春拳中，转马是一种利用身法的转换来改变对敌攻防方向的技术。

【基本动作】

二字钳羊马开始，向左转马时，右脚不动，以左脚掌为轴向左斜45°方向转移（图2-9）。

图2-10为正身桩基础上的左转马。

图2-9　　　　　　　　　　图2-10

向右的转马，基本动作与左转马相同，唯方向相反（图2-11与图2-12分别为二字钳羊马基础上的右转马、正身桩基础上的右转马）。

【动作要点】

转马时，注意身体平衡的控制。

图2-11

图2-12

【实战应用】

实战中,我方(穿黑色训练服者)以转马来闪避对手(身穿迷彩服者)前手直拳攻击的同时以日字冲捶进行反击(图2-13、图2-14)。

图2-13

图2-14

二、咏春手法

1. 日字冲捶

日字冲捶是咏春拳中最常用的手法之一，之所以取名为"日字冲捶"，是因为这一技术击打完成后拳的形状类似汉字中的"日"字。

【基本动作】

从二字钳羊马开始练习右手日字冲捶，右拳由腋下移至胸前，拳眼朝上、拳面朝前，沉肘，上臂推动前臂，沿身体中线朝前击打（图2-15~图2-17）。

左手日字冲捶，基本动作与右手日字冲捶相同（图2-18）。

图2-15

图2-16

图2-17　　　　　　　图2-18

【动作要点】

出拳时，以肘部催动发力，肘不可外翻。

【实战应用】

实战中，我直接以右手日字冲捶击打对手头面部（图2-19）。

图2-19

2. 连环冲捶

连环冲捶构建在日字冲捶的基础上，这一技术，讲求短拳连环出击、寸劲发力。

【基本动作】

做这一练习时，首先从正身桩开始，双手保持在中线上，一拳从另一拳腕上以立拳出击，反复击打（图2-20~图2-24）。

图2-20　　　　　图2-21　　　　　图2-22

图2-23　　　　　图2-24

【动作要点】

注意肩部需保持不动,其发力源主要依靠肘底的推动力。

【实战应用】

连环冲捶有时也可向下击打,图2-25~图2-28中所演示的即为在实战中使用摔技把对手控制在地面时进行的连环冲捶击打。

图2-25

图2-26

图2-27

图2-28

3. 标指

标指，是咏春拳手法中击打距离最长的技术，也是狠毒、犀利的"阴招"。实战中用来戳击对手的眼睛。

【基本动作】

由二字钳羊马开始，右手由拳打开成掌，拇指内扣，掌心朝左置于胸前，以肘催力，转腕的同时沿身体中线向前击打，力达指尖（图2-29~图2-32）。

图2-29

图2-30

图2-31

图2-32（左手标指）

【动作要点】

放松身体,借助肘部推动和手臂弹性伸展的力量快速动作。

【实战应用】

实战中,右手挡开对手攻击的同时以左手标指戳击对手的眼睛(图2-33、图2-34)。

图2-33

图2-34

4. 连环标指

与连环冲捶不同的是,连环标指是从手腕下击打的。

【基本动作】

做连环标指时,从正身桩开始,双手成标指手型,一手从另一手腕下出击,反复击打(图2-35~图2-39)。

图2-35

图2-36　　　　　　　　图2-37

图2-38　　　　　　　　图2-39

【动作要点】

练习时，注意肩部不可乱动，肘不可外翻。

【实战应用】

在与对手对峙中,前手标指挡开对手直拳攻击,同时后手标指从前手腕下穿出直戳对手眼睛,奏效后,前手标指继续向其眼睛戳击(图2-40~图2-42)。

图2-40

图2-41

图2-42

三、咏春腿法

1. 直撑腿

直撑腿，又称前蹬腿，是咏春拳腿法中的主要技术之一，下面以右直撑腿为例做介绍。

【基本动作】

正身桩站立，重心移至左腿，左脚外撇，右膝提起，脚掌内勾沿身体中线向正前方蹬出，力达脚前掌，双手保持防护（图2-43~图2-45）。

图2-43　　　　　图2-44　　　　　图2-45

【动作要点】

提膝与踢出的动作要连贯一致，快踢快收。

【实战应用】

实战中,当对手以前手直拳向我进行攻击时,我直接提膝以直撑腿踢击对手胸部等要害处(图2-46~图2-48)。

图2-46

图2-47

图2-48

2. 侧撑腿

侧撑腿,是从体侧踢出的腿法,实战中,主要用来踢击对手的膝关节与胸部。下面以右侧撑腿为例做介绍。

【基本动作】

从正身桩开始,右脚向前移一步,后脚跟进,重心移至左脚,提右膝,勾脚掌,横向踢出,力达脚底,双手保持防护(图2-49~图2-52)。

图2-49

图2-50

图2-51

图2-52

【动作要点】

踢击动作完成后要快速弹性回收。

【实战应用】

实战中,对手以前手直拳攻击,我以右侧撑腿踢击对手胸腹部进行反击(图2-53~图2-55)。

图2-53

图2-54

图2-55

四、咏春黐手

黐（chī）手，英文名"Chi Sao"，是咏春拳中一种训练手臂灵敏之触觉、均衡感与方向感的方法。训练时，双方以单手或双手臂相交，手腕粘靠在一起，以摊手、伏手、膀手等几种基本手型以顺时针或逆时针方向来回滚动。注意黐手练习时，全身要放松、手臂要保持弹簧般的弹性。

1. 黐手基本手型

（1）摊手

【基本动作】

二字钳羊马开始，右手打开成掌，拇指内扣，掌心向上，沿胸前中线位置以肘底催动发力向前延伸，肘部离胸约三寸的距离（图2-56~图2-58），左摊手基本动作与右摊手相同（图2-59）。

图2-56

图2-57

图2-58　　　　　　　　图2-59

【动作要点】

手臂肌肉需保持放松且不失弹性的状态。

（2）伏手

【基本动作】

二字钳羊马开始，拇指微扣，四指放松成钩状，手腕内屈，肘靠中线，如摊手一样沿胸前中线直线向前推出，肘部离胸约三寸的距离（图2-60~图2-62）。

左伏手基本动作与右伏手相同（图2-63）。

【动作要点】

伏手练习时，手臂肌肉要保持放松且有弹性的状态，肘不可外翻。

图2-60　　　　　　　图2-61

图2-62　　　　　　　图2-63

（3）膀手

【基本动作】

右摊手开始，手指放松，前臂领先，向体内方向慢慢滚动，臂弯夹角大于90°，肘高与肩平，手臂肌肉需保持放松且不失弹性的状态（图2-64、图2-65），左膀手基本动作与右膀手相同（图2-66）。

图2-64

图2-65

图2-66

【动作要点】

膀手练习过程中，手臂是以半圆形向前进行滚动，而不是突然地翻肘抬臂。

2. 单黐手

【基本动作】

甲（穿迷彩服者）乙（穿深色衣服者）双方以二字钳羊马面对面站立，甲方摊手先出，乙方伏手轻搭甲方摊出之手腕上，甲方摊手变正常攻击，乙方伏手变斩手消解甲方正掌，乙方动作不停，斩手变日字冲捶向甲方攻击，甲方以膀手进行防御，如此，反复练习（图2-67~图2-71）。

图2-67

图2-68

图2-69

图2-70

图2-71

【动作要点】

①熟练后，双方互换动作进行练习。记住，练习过程中双方手腕始终保持粘靠在一起。

②练习单黐手时，置于胸侧的另一手亦可成"护手"收于胸前，这样做更有利于建立良好的自我防护意识（图2-72）。

图2-72

3. 双黐手

【基本动作】

甲乙双方以二字钳羊马面对面站立,甲方右手摊手,左手伏手置于胸前,摊手与伏手成上下重叠状,乙方伏手轻搭甲方摊手腕上,膀手则搭在甲方伏手腕内,随即乙方膀手向下滚动成摊手,甲方摊手向上滚动成膀手,双方伏手不变,仅上下移动(图2-73~图2-75)。

图2-73

图2-74

图2-75

【动作要点】

①练习时,双方手腕始终粘靠在一起,反复练习。熟练后,双方互换手型,也可将身体由正身桩姿势变换成侧身的姿势进行练习(图2-76)。

②练习一段时间后,可在双黐手的基础上,进行简单的黐手对搏练习(图2-77~图2-80)。

图2-76

图2-77

图2-78

图2-79

图2-80

第二节　截拳道警戒势

在截拳道中，按照李小龙宗师传统功夫的称谓，警戒势又称为"摆桩"。截拳道警戒势借鉴了拳击格斗姿势的一些原理，但与拳击相反，截拳道警戒势强调重武器置前，亦即把有力量、灵活的肢体放在前面，而拳击则是重武器置后。

截拳道警戒势的优点是：起动灵活、出击迅速有力、身体重心稳固、暴露的面积小。无论是进攻或防御，都不需要事先做任何调整动作。

在练习警戒势时，需要注意以下三个原则：

第一，动作自然，身体放松。

第二，保持警戒，身体需处于一触即发的弹性状态。

第三，与敌对峙时，需隐藏自己的击打欲望，不得暴露意图。

下面就警戒势标准动作要领做详细介绍。

【基本动作】

双脚分开略宽于肩，右脚在前，左脚在后成侧身站立。双膝微屈，前脚尖与后脚弓保持在一条直线上，且前脚与此直线成约20°~30°角，后脚与之成约45°角，后脚跟略抬离地面，保持放松的弹性状态，以利于快速的启动。

双手握拳，右手在前，屈肘约90°，略低于肩；左手成掌在后，屈肘略小于90°，护住脸部左侧。双手一前一后置放于身体中线上，双手肘下垂轻贴于身体肋部。

肩膀始终保持放松状态，随着下颌微收，右肩略自然抬起，以保护右侧下颌与脸颊。

目视前方，头稍下低并收下颌，以保护喉部，舌向内卷，轻抵上腭，咬住牙齿，嘴唇要闭合，这样既可预防在激烈格斗中，牙齿误咬舌头，又有利于呼吸的畅通，以保持良好的体力（图2-81、图2-82）。

图2-81　　　　　　　　图2-82

【动作要点】

警戒势完成后，需含胸拔背，沉肩坠肘，敛臀、提胯、收腰，上下肢要形成一个整体。而身体重心的分配应在前腿49%或51%，以及后腿51%或49%之间微妙地移动转换，以保持动态平衡与一触即发的机动性。

第三节　截拳道步法

拳谚："教拳不教步，教步打师傅。"一句话，道破了拳术的秘密。

拳术中的步法，不同于一般生活中自然、习惯的走动，与普通体育运动中的跳跃、奔跑也是有区别的。它是根据格斗的特点及需求而构建的专门的脚步移动技巧。实战中，步法运用得当，除能快速地击打到攻击目标和快速避开对手的攻击外，还可利用步法的移动来调整身体重心，从而增强攻击的力量。

在截拳道中，步法有四个移动方向，即前、后、左、右。其他的都是在这四个方向的基础上进行变化。

一、前后滑步

前后滑步主要用于调整敌我双方间的正面直线距离，以便于寻找战机进行攻击或防守。这是截拳道中最为基本的步法，也是一个截拳道练习者需要首先掌握的移动技巧。

1. 前滑步

【基本动作】

练习时，由警戒势开始，后脚先蹬地，身体重心前移，推动前脚向前滑动约半步,前脚落地瞬间,后脚立即跟进,双手保持防护,动作完成后恢复警戒势(图2-83~图2-85)。

【动作要点】

前滑步时,借助后脚蹬地产生的反作用力推动身体向前滑进。

图2-83

图2-84

图2-85

2. 后滑步

【基本动作】

练习时，由警戒势开始，前脚先蹬地，身体重心后移，后脚向后滑动约半步，后脚落地瞬间，前脚立即后移，双手保持防护，动作完成后恢复警戒势（图2-86~图2-88）。

图2-86

图2-87

图2-88

【动作要点】

借助前脚蹬地产生的反作用力推动身体向后滑步。

二、左右侧移步

左右侧移步是截拳道中利用脚步移动来闪避对手攻击的一种技术，实战中，可利用左右侧移步闪避的同时配合拳脚技术进行反击。

1. 左侧移步

【基本动作】

练习时，由警戒势开始，重心略向左移，右脚推动，左脚向左侧迈出约一步，右脚随即向左侧跟进，并保持警戒势（图2-89~图2-91）。

【动作要点】

借助右脚蹬地产生的反作用力推动身体向左侧移动，双手保持防护。

图2-89　　　　　图2-90　　　　　图2-91

2. 右侧移步

【基本动作】

练习时,由警戒势开始,重心略向右移,借助左脚的推动力,右脚向右侧迈出一步,左脚随即跟进一步并恢复警戒势(图2-92~图2-94)。

图2-92

图2-93

图2-94

【动作要点】

借助左脚蹬地产生的反作用力推动身体向右侧移动。

三、进退拖步

进退拖步是快速前进与后退的步法。移动时,双脚需保持在一条直线上,身体不可晃动。

1. 进拖步

【基本动作】

练习时,由警戒势开始,后脚快速滑向前脚,在后脚接触到前脚的瞬间,前脚滑出并恢复警戒势,双手保持防护(图2-95~图2-97)。

【动作要点】

后脚移至前脚跟的瞬间前脚向前拖进,注意身体平衡的控制。

图2-95　　　　　图2-96　　　　　图2-97

2. 退拖步

【基本动作】

练习时，由警戒势开始，前脚后撤向后脚，在前脚触到后脚的同时后脚快速向后撤，动作完成后保持警戒势（图2-98~图2-100）。

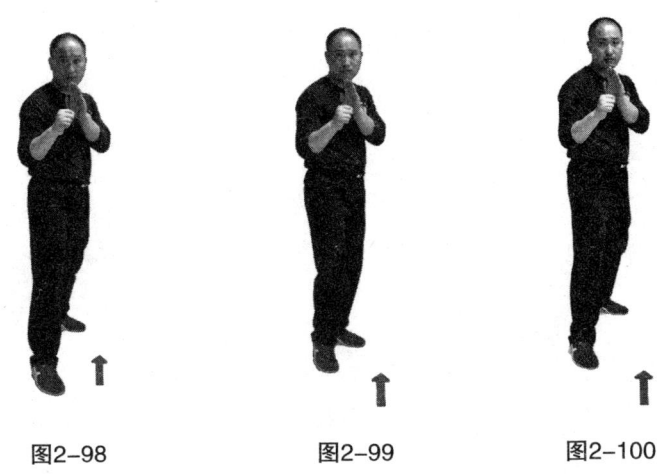

图2-98　　　　　　图2-99　　　　　　图2-100

【动作要点】

前脚移至后脚的瞬间后脚向后拖进，注意保持好身体的平衡。

四、钟摆步

由于这一动作的运动轨迹类似钟摆之摆动，故称钟摆步。钟摆步是战术性极强的步法，可在后撤闪避对手攻势的同时迅速前进进行反击，其难点在于身体平衡不易把握。

【基本动作】

练习时，由警戒势开始，前脚掌贴地后滑，重心亦随之移至前脚，后脚向后上弧形后摆并顺势下落恢复警戒势（图2-101~图2-103）。

图2-101　　　　　图2-102　　　　　图2-103

【动作要点】

练习钟摆步时，需要注意身体重心在步法移动瞬间的调整。

五、轴转步

轴转步是利用脚步移动来变换角度的刁钻步法。在实战中，此步法可用以围绕对手调整位置和角度，寻找或创造战机，亦可用于在闪避对手攻击的同时，迅速绕至对手侧面攻击范围之外，以利于反击。

【基本动作】

练习时，由警戒势开始，前脚侧滑半步，同时以前脚掌为轴，以身带腿，后脚弧线向侧后环转，后脚到位后恢复警戒势（图2-104~图2-106）。

图2-104　　　　　图2-105　　　　　图2-106

【动作要点】

前脚蹬地与身体轴转需同步进行。

第四节　截拳道拳法

在截拳道中，所谓拳法即指在实战中，用拳头进行格斗的技术和方法。运用拳头进行格斗的要诀，并非只靠拳头攻击对手，而是以整个身体的力量，手臂或者说拳头只是传达力量的工具而已。

一、直拳

根据攻击目标,可将直拳分为打击对手头面部的前、后手直拳和打击对手胸腹部的前、后手中位直拳。

1. 前手直拳

前手直拳是截拳道所有拳法中的骨干,其出击速度快、攻击力量大,极具杀伤力。实战中,主要用来攻击对手头面部。

【基本动作】

由警戒势开始,借助后脚蹬地的反作用力,重心前移,拧腰转胯,以肘催臂,前手拳呈立拳状直线击出,后手保持防护(图2-107~图2-109)。

图2-107

图2-108

图2-109

【动作要点】

后脚蹬地、拧腰转胯与展臂出拳的动作需同步。

【实战应用】

实战中，双方警戒势对峙，我（穿深色衣服者）直接上步，以前手直拳攻击对手（穿迷彩服者）头面部（图2-110、图2-111）。

图2-110

图2-111

2. 后手直拳

后手直拳出击的方式与前手直拳几乎一样，都是直线出击。与前手直拳相比较，后手直拳的击打路线更长，因此，更具力杀伤力。实战中，主要用来攻击对手的头面部。

【基本动作】

由警戒势开始,后脚蹬地,沿顺时针方向扭转腰部,重心前移,肘部推动,后手拳沿直线领先击出,前手保持防护(图2-112~图2-114)。

图2-112

图2-113

图2-114

【动作要点】

在击打瞬间身体重心前移可有效地增强后手直拳的击打力量。

【实战应用】

实战中,双方警戒势对峙,我前手假动作吸引对手的注意力,继而以后手直拳突然狠击对手的头面部(图2-115~图2-117)。

图2-115

图2-116

图2-117

3. 前手中位直拳

前手中位直拳，主要用来攻击对手胸腹部。

【基本动作】

由警戒势开始，后脚推动，前脚向前略移半步，重心前移，沉膝，拧腰转胯，前手直拳向前下方击出，后手保持防护（图2-118~图2-120）。

图2-118

图2-119

图2-120

【动作要点】

沉膝的动作幅度不宜过大。

【实战应用】

实战中，双方警戒势对峙，我前手拍击对手前手直拳，同时以前手中位直拳击打对手胸腹部（图2-121~图2-123）。

图2-121

图2-122

图2-123

4. 后手中位直拳

后手中位直拳多用于前手拳法击打的后续攻击,有时候,配合侧移步闪避对手的拳法攻击,然后再进行反击也是不错的。

【基本动作】

由警戒势开始,后脚推动,前脚向前斜移半步,重心前移,沉膝,拧腰转胯,后手直拳向前下方击出,前手保持防护(图2-124~图2-126)。

图2-124

图2-125

图2-126

【动作要点】

后手中位直拳完成时,后脚尖与拳的击打方向成一条直线。

【实战应用】

实战中,双方警戒势对峙,我以前手直拳佯攻对手上盘,后手中位直拳随后向其腹部进行击打(图2-127~图2-129)。

图2-127

图2-128

图2-129

二、挂捶

在截拳道中,挂捶具有出击速度快、击打路线刁钻、隐蔽性强等特点。实战中,主要用来攻击对手的头面部。

【基本动作】

由警戒势开始,以后脚为推动力,重心稍前移,肩顺势前送,以肘为轴,走最小弧线打出挂捶,力达拳背(图2-130~图2-132)。

图2-130

图2-131

图2-132

【动作要点】

练习挂捶时,击打的手臂不可有回收的多余动作。

【实战应用】

实战中,双方警戒势对峙,我先以前脚低位腿法进行诱攻,随后以前手挂捶击打对手头面部(图2-133~图2-135)。

图2-133

图2-134

图2-135

三、钩拳

钩拳，属弧线型拳法，分从侧面击打的水平钩拳和从下往上击打的上钩拳两种。

1. 前手上钩拳

前手上钩拳为近身重力型拳法，实战中，主要用来击打对手下颌或胸肋部。

【基本动作】

由警戒势开始，重心稍后移，前手上臂紧贴身体肋部，重心略下沉，前脚跟跷起并以之为发力转轴，屈肘约90°，整体发力向上击出（图2-136~图2-138）。

图2-136

图2-137

图2-138

【动作要点】

击打时，寻找从地面向上勾提重物的感觉。

【实战应用】

实战中，双方警戒势对峙，我潜闪躲避对手拳法攻击的同时以前手上钩拳击打其下颌（图2-139~图2-141）。

图2-139

图2-140

图2-141

2. 后手上钩拳

与前手上钩拳一样,后手上钩拳亦属近身重力型拳法,实战中,主要用来击打对手下颌或胸肋部。

【基本动作】

由警戒势开始,后脚蹬地发力,身体重心移至前脚,后手握拳随着腰胯的扭转向前上方击出(图2-142~图2-144)。

图2-142

图2-143

图2-144

第二章 截拳道基本技术

【动作要点】

击打时,上臂与身体轻轻贴靠,不可有翻肘的动作。

【实战应用】

实战中,双方警戒势对峙,我以前手直拳进行诱攻,后手上钩拳紧跟出击,直接击打对手下颌(图2-145~图2-147)。

图2-145

图2-146

图2-147

3. 前手水平钩拳

前手水平钩拳，是从对方身体侧面发起攻击的弧线拳法，击打时，前脚跟需踮起，使身体能够自如地旋转，便于发力。实战中，主要用来攻击对手头部的侧面。

【基本动作】

由警戒势开始，后脚跟落地，重心移至后脚，前脚跟抬离地面，以身体置前的一侧为转轴带动腰胯发力，前手臂屈肘约90°，与肩同高，立拳随腰胯的旋转逆时针方向击出，后手保持防护（图2-148~图2-150）。

图2-148

图2-149

图2-150

【动作要点】

练习水平钩拳时，注意收紧腹部，上体不可过分后仰。

【实战应用】

实战中，双方警戒势对峙，我躲闪对手前手直拳攻击的同时，以前手水平钩拳直接击打对手头面部（图2-151~图2-153）。

图2-151

图2-152

图2-153

4. 后手水平钩拳

后手水平钩拳击打时以身体前半面为轴，屈臂保持约90°的位置，蹬地、转体、拧腰发力。实战中，主要用来攻击对手头部的侧面。

【基本动作】

由警戒势开始，重心前移，后脚蹬地，拧腰转胯，后手屈臂约90°，与肩同高，立拳弧线随腰胯的旋转顺时针方向击出，前手保持防护（图2-154~图2-156）。

图2-154

图2-155

图2-156

【动作要点】

后脚蹬地与身体的协调转动可增强击打力量。

【实战应用】

实战中,双方警戒势对峙,我前手中位直拳进行诱攻,后手水平钩拳随后向对手头部的侧面进行击打(图2-157~图2-159)。

图2-157

图2-158

图2-159

四、转身鞭捶

转身鞭捶属奇门拳法，其出击刁钻、隐蔽，实战中主要用来击打对手头面部。

【基本动作】

由警戒势开始，重心后移的同时转体，眼往后看，后手拳紧握，以拳轮为着力点向后击打（图2-160~图2-162）。

【动作要点】

因有转身击打的动作，所以要注意对身体平衡的掌控。

图2-160

图2-161

图2-162

【实战应用】

实战中，对手欲从我背后发起袭击，我察觉后，快速转体以转身鞭捶进行反击（图2-163~图2-165）。

图2-163

图2-164

图2-165

第五节　截拳道腿法

与某些擅长腿法的武技不同，截拳道腿法不追求动作的外形与优美，而注重对其中的速度、平衡、重心、力度（发力）及协调性等科学原理进行研究与修炼。

与拳法相比，腿法具有如下几个特点：

①腿比手更具有力量和杀伤力；

②腿比手长，攻击距离长，所以它是攻击的首选技术；

③想要阻截腿法的攻击是相对困难的，尤其是针对身体下部的足踝、胫骨、膝关节和腹股沟的低位腿法。

截拳道的腿法主要来源于李小龙早期练习的咏春拳以及中国北派腿法。另外，腿法在截拳道技术体系中的重要性与拳法是一样的，不分彼此，这就像中国古老的"阴阳"哲学一样，整体才是最重要的。

截拳道腿法种类较多，这里仅就截拳道最具实用性的腿法做选择性介绍。

一、前踢

前踢，是一种直接提膝向前上方踢击的腿法，类似于传统武术中的弹踢，但比弹踢更快捷和隐蔽，且更直接。实战中，主要用于踢击对手的膝关节和裆部，接触点可以是脚面或脚尖。

第二章 截拳道基本技术

【基本动作】

由警戒势开始,后脚前垫一步,前脚原地提膝,小腿放松,脚尖直指前方,拧腰挺髋向前上方踢击,双手保持防护(图2-166~图2-169)。

图2-166　　　　　　图2-167

图2-168　　　　　　图2-169

【动作要点】

前踢时，同侧的手可借助腰胯的力量向下挥动产生一股反作用力，从而增强踢击的杀伤力。

【实战应用】

实战中，双方警戒势对峙，我前手直拳诱攻，前踢直击对手裆部（图2-170~图2-173）。

图2-170

图2-171

图2-172

图2-173

二、勾踢

因踢击轨迹类似拳法中的水平钩拳,故称之为"勾踢",基本动作与泰拳的扫踢、散打的鞭腿略相似。实战中,主要用来攻击对手的大腿内(外)侧、裆部、胸腹部、头面部等。

【基本动作】

由警戒势开始,后脚向前垫步;同时,前腿快速提膝,小腿略外撇,脚尖绷直,逆时针方向拧腰转胯带动腿向外勾踢(图2-174~图2-177)。

图2-174

图2-175

图2-176

图2-177

【动作要点】

踢击时，在接触目标瞬间迅速拧转腰胯，整个动作一气呵成，切忌拖泥带水。

【实战应用】

实战中，双方警戒势对峙，我后脚垫步前进，前腿提膝，直接踢击对手胸腹部（图2-178~图2-180）。

图2-178

图2-179

图2-180

三、侧踢

侧踢是截拳道中速度与力量兼具的标志性实用腿法，也是李小龙宗师生前最喜欢的腿法之一。实战中，主要用来攻击对手的胫、膝关节、胸腹部。

【基本动作】

由警戒势开始，后脚向前垫步，前腿提膝，脚尖勾起，后脚反转，腰部拧转发力，前腿沿体侧踢击，力达全脚掌，上体略后倾，双手保持防护（图2-181~图2-184）。

图2-181　　　　　　　　图2-182

图2-183　　　　　　　　图2-184

【动作要点】

身体要与踢击腿成一条直线。

【实战应用】

实战中，双方警戒势对峙，我前手挂捶佯攻对手上盘，趁对手上当之际，前腿侧踢直接踢击其胸腹部（图2-185~图2-187）。

图2-185

图2-186

图2-187

四、拦门腿

拦门腿,又称截踢或轧踢,传统拳术中称"裙里腿",其出击隐蔽性极强,可作为主动攻击技术应用,也可作为截击性腿法。实战中,主要用来攻击对手的胫部、膝关节。

【基本动作】

在截拳道中,拦门腿多由后腿来完成动作,练习时,由警戒势开始,重心前移,后腿提膝经前脚内侧向前,脚尖勾起,挺膝向斜前下方踢出,力达全脚掌,双手保持防护(图2-188~图2-190)。

图2-188　　　　图2-189　　　　　　图2-190

【动作要点】

做拦门踢时,平衡不易控制,需要注意支撑脚的标准置放。

【实战应用】

实战中,双方警戒势对峙,当对手欲出右腿攻击我时,我以后腿拦门腿将对手攻击腿法中途拦截(图2-191~图2-193)。

图2-191

图2-192

图2-193

五、直踢

截拳道的直踢有些类似于传统武术中的正蹬踢,在咏春拳中则称之为"直撑腿",在咏春拳和泰拳中运用较多。实战中,多用于攻击对手胸部、腹部、裆部以及大腿等身体要害。

【基本动作】

由警戒势开始,后脚向前拖步,同时前腿快速提膝,膝以下的部位保持放松,勾脚尖,送髋挺膝,沿直线向前踢出,力达脚前掌(图2-194~图2-197)。

图2-194

图2-195

图2-196

图2-197

【动作要点】

注意动作的完整性，动作要连贯一致，快踢快收，不可拖泥带水。

【实战应用】

实战中，双方警戒势对峙，我前手标指诱攻，随后以前腿直踢攻击对手胸腹部（图2-198~图2-200）。

图2-198

图2-199　　　　　　　　图2-200

六、后踢

后踢，在传统武术中又叫后蹬腿或虎尾脚。在截拳道中，向后的踢击是极少采用的，因为攻击目标不在视线范围内。实战中，后踢主要用来踢击来自后方的对手。主要攻击目标是胸腹部、膝关节等要害。

【基本动作】

由警戒势开始，前脚向后拖步，转体，同时提膝，脚尖勾起向身体后方沿直线踢击（图2-201~图2-204）。

图2-201　　　　　　　　图2-202

图2-203　　　　　　　　图2-204

【动作要点】

转体与踢击要一气呵成,动作不可有停顿。

【实战应用】

实战中,双方警戒势对峙,对手在我后方欲发起拳法攻击时,我迅速回头起腿向后踢击其胸腹部(图2-205~图2-207)。

图2-205

图2-206　　　　　　　　图2-207

七、逆勾踢

逆勾踢与勾踢的踢击方向相反。实战中，主要用于攻击左侧身体置前对手的裆、腹部。

【基本动作】

由警戒势开始，后脚垫步，重心略前移，前腿提膝，脚尖外撇，拧腰转胯，顺时针方向踢出，力达脚尖或脚背面（图2-208~图2-211）。

图2-208　　　　　　　　图2-209

图2-210　　　　　　　　图2-211

【动作要点】

注意区分逆勾踢与勾踢发力时腰胯拧转方向之间的不同点。

【实战应用】

实战中，双方警戒势对峙，我左脚向左侧略移，避开对手的拳攻，同时以逆勾踢踢击对手裆部（图2-212~图2-214）。

图2-212

图2-213

图2-214

第六节　截拳道肘膝法

拳谚"宁挨十拳、不挨一肘""近身就用夺命膝"，道出了肘、膝法在实战中的巨大威力。

肘、膝关节硬度强、力量大，是速度与力量兼具的近身攻击利器。

一、横击肘

横击肘，为水平横击之肘法，左右手皆可施击。实战中，主要用来攻击对手头面部及太阳穴位置。

【基本动作】

由警戒势开始，后脚落地，前脚略抬离地面且以此为发力转轴，前手屈臂，力达肘尖，逆时针方向水平横击，后手保持防护（图2-215~图2-217），此为右手横击肘。左手横击肘与右手横击肘基本相同（图2-218）。

图2-215

图2-216

图2-217

图2-218

【动作要点】

身体重心要跟上,腰部充分拧转发力。

【实战应用】

实战中,双方警戒势对峙,我以横击肘直接击打对手太阳穴(图2-219~图2-221)。

图2-219

图2-220

图2-221

二、上顶肘

上顶肘极其霸道,左右手皆可施击,熟练后,可重创对手。实战中,主要用来攻击对手的下颌。

【基本动作】

由警戒势开始,重心移至前脚,肩关节放松,前手屈肘由下向上顶击,力达肘尖,后手保持防护(图2-222~图2-224),此为右手上顶肘。左手上顶肘与右手上顶肘基本相同(图2-225)。

图2-222

图2-223

图2-224

图2-225

【动作要点】

上顶肘击打时,发力以肩关节为轴,腰胯要随肘击方向同步挺起。

【实战应用】

实战中,双方警戒势对峙,我利用步法拉近与对手的距离,然后前手上顶肘猛击对手下颌(图2-226~图2-228)。

图2-226

图2-227

图2-228

三、砸肘

砸肘的击打路线与上顶肘方向相反，多用于对手近身搂抱中的反击。实战中，主要用来攻击对手的后背。

【基本动作】

由警戒势开始，前手屈臂成肘略抬起，沉膝降重心，肘由上至下击打，力达肘尖（图2-229~图2-231），此为右手砸肘。左手砸肘与右手砸肘基本相同（图2-232）。

图2-229

图2-230

图2-231

图2-232

【动作要点】

沉膝降重心的同时，要含胸、收腹、躬腰。

【实战应用】

实战中，双方警戒势对峙，对手突然扑进欲对我施以搂抱技，我前手砸肘直接击打其后背（图2-233~图2-235）。

图2-233

图2-234

图2-235

四、后击肘

后击肘，发力短促、迅猛，多用于对手从后面近身搂抱的反击。实战中，主要用来攻击对手的胸腹部。

【基本动作】

由警戒势开始，腰胯顺时针方向拧转，前手屈臂成肘沿身体肋部向后方击打，后手保持防护（图2-236~图2-238），此为右手后击肘。左手后击肘与右手后击肘基本相同（图2-239）。

图2-236　　　　　　　图2-237

图2-238　　　　　　　图2-239

【动作要点】

当肘向后击时，轻贴身体肋部，随腰胯的拧转快速击打，力发寸劲。

【实战应用】

实战中，当对手从我身后施以搂抱技时，我前手成肘直接向后猛力撞击其面部（图2-240、图2-241）。

图2-240

图2-241

五、直膝

直膝，又称顶膝，为近距离格斗中直接由下向上顶的膝技。实战中，主要用来攻击对手的胸腹部。

【基本动作】

由警戒势开始，后脚前移，重心同时移至后脚，前腿屈膝，挺胯发力，力达膝部上锋（图2-242~图2-244），此为右腿直膝。左腿直膝与右腿直膝基本相同（图2-245）。

图2-242

图2-243

图2-244

图2-245

【动作要点】

要注意直膝发力的运动轨迹是直线向上的，不可偏斜。

【实战应用】

实战中，我后脚垫步提前膝直接上顶对手胸腹部（图2-246~图2-248）。

图2-246

图2-247

图2-248

六、侧撞膝

侧撞膝，是从侧面发起攻击的膝技。实战中，主要用来攻击对手的大腿内外侧、胸腹部。

【基本动作】

由警戒势开始，后脚前移，重心移至后脚，前腿屈膝提起，拧转腰胯，膝由外向内撞击（图2-249~图2-251），此为右腿侧撞膝。左腿侧撞膝与右腿撞膝基本相同（图2-252）。

图2-249　　　　　　　图2-250

图2-251　　　　　　　图2-252

【动作要点】

膝撞要与腰胯的拧转同步协调发力。

【实战应用】

实战中，双方警戒势对峙，当对手以右直拳攻击我头部时，我侧闪躲避对手拳法，同时，以侧撞膝攻击其腰腹部（图2-253~图2-255）。

图2-253

图2-254

图2-255

第七节 截拳道防守技法

在截拳道中防守与攻击是密切配合进行的,实战中,二者的重要性是相同的。

需要注意的是,实战中的防守只是打斗中的一个过程,而非最终目的,确切地说,防守只是为后面的反击作准备。

防守技法可根据防守时的动作和方法分为:用肢体进行格挡的接触式防守与运用身法或步法进行躲避对手攻击的非接触式防守两种。

限于篇幅,这里仅就实战中常用的几种防守技法做介绍。

一、接触式防守

接触式防守即实战中用自己的手掌、前臂、肘或肩等,阻挡对手攻击的技法。

格挡,原则上左右手皆可施击,鉴于截拳道"长兵近取"的格斗理念,这里仅就后手的几种格挡技法做介绍。

1. 内侧高位格挡

这是截拳道中最常用的一种防守技法,实战中,主要用来防守身体内侧及头面部。

【基本动作】

由警戒势开始，后手成掌或拳，由内向外进行格挡（图2-256、图2-257）。

图2-256

图2-257

【动作要点】

肘不可晃动。

【实战应用】

实战中，双方警戒势对峙，当对手以右平钩拳攻击我左侧时，我后手以内侧高位格挡技法挡开对手的攻击，同时以前手标指向对手眼睛戳击（图2-258~图2-260）。

图2-258

第二章　截拳道基本技术

图2-259

图2-260

2. 内侧低位格挡

在截拳道中，内侧低位格挡法主要用来防守身体内侧胸部以下部位。

【基本动作】

由警戒势开始，后手成掌或拳直接由上至下沿身体内侧做半圆运动，前手保持防护（图2-261、图2-262）。

图2-261

图2-262

97

【动作要点】

格挡的瞬间，拳头需握紧。

【实战应用】

实战中，双方警戒势对峙，当对手右拳攻击我左下部时，我以后手内侧低位格挡法挡开对手的攻击，同时以前手标指向其眼睛发起反击（图2-263~图2-265）。

图2-263

图2-264

图2-265

3. 外侧高位格挡

在截拳道中外侧高位格挡是一种较为安全、实用的防守技法,实战中,主要用来防守身体外侧。

【基本动作】

由警戒势开始,后手成掌向身体外侧横向拍击,前手保持防护(图2-266、图2-267)。

图2-266

图2-267

【动作要点】

格挡时,掌心要含空。

【实战应用】

实战中,双方警戒势对峙,当对手以右直拳攻击我头部时,我以后手外侧高位格挡挡开对手拳法的攻击,同时以前手直拳进行反击(图2-268~图2-270)。

图2-268

图2-269　　　　　图2-270

4. 外侧低位格挡

在截拳道中外侧低位格挡是一种用来防守身体外侧胸部以下部位的技法。

【基本动作】

由警戒势开始,后手成掌向身体外侧斜向下拍击,前手保持防护(图2-271、图2-272)。

图2-271

图2-272

【动作要点】

拍击时动作要自然、放松。

【实战应用】

实战中,双方警戒势对峙,当对手以中位拳法攻击时,我略向后移,同时以后手外侧低位格挡进行防守,然后以前手挂捶反击(图2-273~图2-275)。

图2-273

图2-274　　　　　　　　　图2-275

二、非接触式防守

非接触式防守技法，就是在实战中，利用步法的移动或身法的晃闪来躲避对手攻击的防守技法。与接触式格挡技法相比，这种防守技法更为省力、安全。

对于这种防守技法，李小龙当年是这样评价的："躲避是最有用的技巧，因为它可腾出双手去自由地反击对手。所以，它是搏击中的重要组成部分，这种技巧常见于高手过招。"

实战中，尽可能地躲闪至对手身体的外侧，这样更安全，可避开对手另一侧手臂的直接击打。

在截拳道中，所有的躲避技术都需要身法与步法的配合来同步完成。

1. 后闪

后闪是截拳道中最为常用的躲避技术，实战中，主要用来防备对手发起的直线攻击。为避开对手的强力攻击，后闪的同时需配合向后的小幅度移步。

【基本动作】

由警戒势开始，后滑步的同时上体配合向后仰靠，双手保持防护，眼睛平视（图2-276、图2-277）。

图2-276

图2-277

【动作要点】

注意后闪的动作幅度不宜过大，身体要保持能够向前移动的弹性状态。

【实战应用】

实战中,双方警戒势对峙,当对手以右直拳攻击我头部时,我后闪躲避对手的前手直拳(图2-278、图2-279)。

图2-278　　　　　　　　图2-279

2. 潜闪

在截拳道中,潜闪主要用来防守在近身战中对手发起的弧线拳法攻击。潜闪的运动轨迹有点类似英文字母"U",因此有人把潜闪称为"U"形闪。

【基本动作】

由警戒势开始,双膝微屈,身体重心下沉,双手保持防护,随后借助双膝的弹性呈"U"形移动身体(图2-280~图2-283)。

图2-280

图2-281

图2-282

图2-283

【动作要点】

实战中,向左右躲闪避开对手攻击。

【实战应用】

实战中,当对手以左钩拳攻击我头部时,我以潜闪躲避,同时以右拳进行反击(图2-284~图2-288)。

图2-284

图2-285

图2-286

图2-287

图2-288

3. 左侧闪

在截拳道中，如果是对付一个右手置前的对手发起的右手直拳，左侧闪绝对是最佳的防守技法。

【基本动作】

由警戒势开始，左脚向左侧横移小半步，以头部领先，重心侧移，保持身体间架，后手保持防护，前手待机出击（图289、图2-290）。

图2-289

图2-290

【动作要点】

左侧闪的动作幅度不宜过大。

【实战应用】

实战中，双方警戒势对峙，当对手以右直拳攻击我头部时，我向左侧闪躲，同时以中位直拳击打其腰腹部（图2-291~图2-293）。

图2-291

图2-292

图2-293

4. 右侧闪

右侧闪，主要用来防守对方从左侧发起的拳法攻击。

【基本动作】

由警戒势开始，右脚向右侧横移小半步，重心右移，上体同时往右方侧闪，右手保持防护，左手待机出击（图2-294、图2-295）。

图2-294　　　　　　　　　　图2-295

【动作要点】

闪避的同时侧移半步，这样有利于重心的平衡。

【实战应用】

实战中，当对手左侧置前，以左手直拳攻击我头面部时，我向右侧闪躲，同时以后手拳法直击其腹部（图2-296~图2-298）。

图2-296　　　　　　　图2-297

图2-298

5. 转肩闪

转肩闪，是一种通过身体旋转的动作来化解对手攻击的技术，闪避成功后，可再借助身体回旋的力量进行反击。

【基本动作】

由警戒势开始，后脚跟下落，重心后移，前脚跟抬起，且以此为转轴带动上体与右肩逆时针向后偏转，双手保持防护（图2-299、图2-300）。

图2-299

图2-300

【动作要点】

前脚蹬地与转体动作要同步、协调。

【实战应用】

实战中，当对手以右直拳攻击我时，我转肩闪躲，同时趁对手动作回收之际以后手直拳击打其头面部（图2-301~图2-303）。

图2-301

图2-302

图2-303

第三章
截拳道
的战术应用

在截拳道中，所有的战术应用都是具有战略性的，而非盲目的硬拼乱打。实战中，要求截拳道者能够在短时间内根据自己的技术水平、特长、劣势以及对手的技术水平、特长与劣势等，迅速地对整个战局做出分析并制定出战术打法。

在擂台格斗赛场上，参赛拳手的团队会提前很长时间来研究分析另一方参赛拳手的资料，找出其格斗的特点，然后再针对性地制定训练计划与战术打法，并找陪练模拟对手进行对抗训练。

而在真实的街头格斗中，很多打斗都是突发性的，没有多余时间让我们做准备，因此，我们必须通过在日常练习中多进行各种场景的模拟实战对抗训练来提升自己的打斗水平。

第一节　击打目标的选择

当年,李小龙到美国教拳遇到黄泽民的挑战,之后开始对自己之前所掌握的武术体系进行反思。随后更改训练模式,以咏春拳为根基,借鉴拳击、西洋击剑之精华而创建了截拳道。

与传统的擂台武技不同,截拳道致力于突发的街头格斗术的研究与训练。因此,在美国,又有人把截拳道称之为"科学的街头格斗术",并曾因其具备超强的战斗力而被美国海豹突击队列为主要格斗课程之一。

既然属性为街头格斗术,那么其在实战中的攻击目标是有选择性的,会选择一些人体薄弱的要害部位进行击打,以此来达到"用最小的力在最短的时间内取得最大的战果",此亦即《孙子兵法》中所提到的"速战速决"之术。

在截拳道的打击技术中,有一些技术就是针对这些薄弱的要害部位而构建的。如:标指攻击眼睛(图3-1)、钩拳攻击太阳穴(图3-2)、插捶攻击咽喉(图3-3)、中位直拳攻击胸腹部(图3-4)、前踢攻击裆部(图3-5)、低位侧踢攻击膝关节或胫骨(图3-6)、跺踢攻击踝关节(图3-7)等。

图3-1

第三章 截拳道的战术应用

图3-2

图3-3

图3-4

图3-5

图3-6

图3-7

115

下面，为了使大家更深入地了解这种技击理念，让我们用几组战例来做分析。

1. 对膝关节或胫骨的攻击

【实战应用】

双方警戒势对峙，我在前手标指佯攻以吸引对手注意力的同时，突然移步起脚以前腿低位侧踢攻击对手膝关节或胫骨，使对手因膝关节或胫骨碎裂而丧失战斗力（图3-8~图3-11）。

图3-8　　　　　　　　图3-9

图3-10　　　　　　　　图3-11

第三章 截拳道的战术应用

【动作要点】

在截拳道中，最接近的攻击目标就是对手置前的膝关节或胫骨。实战中，若对对手置前的膝关节或胫骨施与前腿低位侧踢会收到很好的攻击效果。而膝关节或胫骨一旦受到强力的踢击，就像汽车被卸掉了轮胎，只有挨揍的份。

2. 对裆部的攻击

【实战应用】

双方警戒势对峙，我以挂捶诱击对手头部，同时以前踢攻击对手裆部（图3-12~图3-15）。

图3-12

图3-13

图3-14

图3-15

【动作要点】

与李小龙在电影中表现的艺术化的截拳道高位腿法不同的是，真实的截拳道腿法以低位踢为主，这其中涉及"重心平衡、直接精简"等格斗原理。前踢击裆在擂台格斗中是绝对不允许的，因为裆部是人的致命攻击点，无论多么强壮的人，都受不了这种击打，这里提醒各位要慎重使用。

3. 对眼睛的攻击

【实战应用】

双方警戒势对峙，我以前腿低位刺踢诱攻，分散对手注意力，同时快速抓住战机以前手标指猛戳对手眼睛（图3-16~图3-19）。

【动作要点】

标指戳击眼睛的杀伤力是相当大的，要谨慎使用。

图3-16　　　　　　　　图3-17

图3-18　　　　　　　　　图3-19

第二节　截拳道实战中的假动作应用

中国古代军事家孙子提出"兵者，诡道也"，其基本作战思想重谋略。李小龙在实战中亦重谋略的应用，并将格斗者分为智慧型与力量型两种，并且提出："截拳道其实是建立在假动作声东击西的运用以及诱敌、设陷的智慧型打法基础上的""智慧有时亦可谓之为一个人成功地适应环境的能力，或使环境适于他"。

由此可知，在真实的打斗中是提倡运用智慧的，并不是依靠蛮力来战胜对手。

在截拳道中，运用智慧的最佳打斗方法就是先欺骗对手再进行攻击，这就是我们通常所说的"假动作"。

①实战中，我以前手标指佯攻对手头面部，随后上步以掌攻击对手裆部（图3-20~图3-23）。

图3-20

图3-21

图3-22

图3-23

【动作要点】

前手标指佯攻的动作要逼真，假动作只有做得很逼真，对手才会上当。

②实战中，我以前腿佯攻对手身体下方，同时以前手挂捶攻击对手头部侧面（图3-24~图3-26）。

图3-24

图3-25

图3-26

【动作要点】

挂捶近身攻击时，需要提防对手的腿法反击。

③实战中，我以前手中位直拳向对手腰腹部佯攻诱其格挡，奏效后，动作不停，后手直拳紧随击打对手头面部（图3-27~图3-29）。

图3-27

图3-28

图3-29

第三章 截拳道的战术应用

【动作要点】

后手直拳击打时要借助腰胯拧转的力量。

④实战中，我以标指佯攻，对手以前手进行格挡，我标指变刁抓拿住对手前手腕部并向回拉，同时以后手直拳攻击对手头部，随后，再以前腿勾踢攻击对手腹部（图3-30~图3-33）。

图3-30　　　　　　　图3-31

图3-32　　　　　　　图3-33

【动作要点】

中国拳术讲究"出手如箭，回手如勾"，即出手不空回，这种手法，在截拳道中叫"擸手"。

⑤实战中，我以前手标指佯攻对手头部，同时以前腿中位侧踢攻击对手身体（图3-34~图3-38）。

【动作要点】

注意标指佯攻的逼真度和侧踢时的战机把握。

图3-34　　　　　　　　　图3-35

图3-36　　　　　　　　　图3-37

图3-38

⑥实战中,我以掌击佯攻对手头部侧面,同时以后手中位直拳攻击对手腹部(图3-39~图3-41)。

【动作要点】

后手直拳攻击时,前手要护住自己。

图3-39

图3-40

图3-41

第三节　截拳道简单与组合攻击法

攻击的方法，根据对手的格斗水平来决定。实战中，如果遇见一位反应迟缓并且不懂得随机调整战术的对手，完全可以用简单的攻击方法来进行攻击，比如一记重拳或腿法直接击打对手。

有时候，当对手在速度与技巧上都跟我们差不多，并且具备相当强的战场控制力时，那么采用简单攻击法是很难战胜对手的，这就需要运用一系列的拳腿组合技术来进行击打。在截拳道中，这种攻击方法就是组合攻击法。

组合攻击法，不是简单的拳腿组合技术，而是建立在假动作诱敌、时机的把握以及距离精准控制等基础之上的。

下面介绍几组简单攻击法与组合攻击法在实际打斗中的应用战例。

一、简单攻击法

简单攻击法，根据攻击角度的不同可分为单一角度攻击与变角度攻击。

1. 单一角度的简单攻击

①实战中，我向前移步，同时以前手直拳攻击对手头部（图3-42、图3-43）。

图3-42

图3-43

②实战中,双方警戒势对峙,我以前腿侧踢攻击对手身体中盘(图3-44~图3-46)。

图3-44

图3-45

图3-46

2. 变角度的简单攻击

①实战中，对手以左直拳攻击我头部，我侧闪躲避对手拳法的攻击，同时以前手直拳攻击对手头部（图3-47~图3-49）。

图3-47

图3-48

图3-49

②实战中,对手以右直拳攻击我头部,我左侧轴转步移动改变与对手的格斗方向,同时以前腿低位侧踢攻击对手膝关节(图3-50~图3-52)。

图3-50

图3-51　　　　　　　图3-52

【简单攻击法实战应用要点】

简单攻击法,所有的攻击动作都是以最直接的路径来打击目标，打击的技术也是最简单的一拳或一腿。这也就对练习者的击打速度、准确度、力量以及距离的控制、时机的把握等战术特质要求极高，需要经过很长时间的针对性训练才能在实战中随心所欲地运用简单攻击法去进行格斗。

二、组合攻击法

组合攻击法，根据击打技术的不同可分为拳法组合攻击、腿法组合攻击、拳腿组合攻击以及踢打摔拿融合为一体的综合性组合攻击法等。

1. 拳法组合攻击法

①实战中，双方警戒势对峙，我以前手直拳攻击对手面部，接着以后手直拳攻击对手面部，动作不停，再以前手直拳继续击打对手面部（图3-53~图3-56）。

图3-53　　　　　　　　　图3-54

图3-55

图3-56

②实战中，双方警戒势对峙，对手以左直拳攻击我面部，我侧闪躲避对手拳法的攻击，同时以后手中位直拳击打对手腹部，动作不停，前手上钩拳紧随击打，奏效后，前手上钩拳变螺旋钩拳继续攻击对手面部（图3-57~图3-60）。

图3-57

图3-58

图3-59

图3-60

2. 腿法组合攻击法

①实战中，双方警戒势对峙，我以前腿低位勾踢攻击对手身体下部，同时以后腿勾踢继续攻击对手（图3-61~图3-65）。

图3-61

图3-62

第三章 截拳道的战术应用

图3-63

图3-64   图3-65

②实战中,我以前腿低位侧踢抢先踢击对手膝关节或胫骨,动作不停,以转身侧踢继续攻击对手(图3-66~图3-69)。

图3-66

图3-67

图3-68

图3-69

3. 拳腿组合攻击法

① 实战中，双方警戒势对峙，我以前手挂捶攻击对手面部，同时以低位勾踢攻击对手裆部，随后以后手直拳继续攻击对手（图3-70~图3-74）。

图3-70

图3-71

图3-72

图3-73

图3-74

②实战中，双方警戒势对峙，我以前后手直拳连续攻击对手面部，随后以前腿中位勾踢继续攻击对手腰腹部（图3-75~图3-79）。

图3-75　　　　　　　　图3-76

第三章 截拳道的战术应用

图3-77　　　　　　　　图3-78

图3-79

【组合攻击法实战应用要点】

一般情况下，组合攻击的动作多为短促、快速的组合，实战中，注意保持自己的身体平衡与稳定。

第四节　截拳道封手攻击法

截拳道的封手攻击法，最初来源于李小龙早期练习的咏春拳，但其中也吸收了螳螂拳中的一些技巧，这是一种特殊的格斗方法，适合于近身攻击。从字面"封手"就可以理解，这种攻击方法就是将对手的肢体控制、封住，让对手不能行动，再加以攻击。

封手攻击法建立在咏春拳黐手训练的基础上（见第二章截拳道基本技术之咏春拳黐手），通过黐手的训练来锻炼手臂的灵巧与瞬间感知的触觉能力。

在截拳道中，封手攻击法有三种基本的手法，即拍手、搋手以及走手，除此之外，另有窒手、抓发、揪衣、攀肩等非常规技巧的封制方法。这里要提醒各位读者，封手攻击法对于施技者的要求极高，没有经过长期系统的训练就不能在实际中运用自如。

一、封手攻击手法

1. 拍手封

拍手封，指在拍击封制对手肢体的同时进行击打的封手攻击法。

【实战应用】

实战中，双方手臂贴靠在一起，我上步贴近对手，以后手拍击封制对手手臂，同时以前手直拳攻击对手面部（图3-80、图3-81）。

图3-80　　　　　　　　图3-81

【动作要点】

注意近身封制的同时要控制住对手的下肢，防范对手的膝撞反击。

2. 擸手封

擸手封，指利用拉抓、捋带等技巧擒制住对手手臂并破坏对手身体重心，同时进行击打的一种技巧。

【实战应用】

实战中，双方手臂贴靠在一起，我前手转腕变擸手向己方身体斜后45°方向拉抓对手手臂，同时以后手直拳攻击对手面部（图3-82~图3-84）。

图3-82

图3-83

图3-84

【动作要点】

后拉的力一定要猛,使对手身体重心失去平衡。

3. 走手封

走手封,指攻击的手在另一手封制住对手手臂的同时,从对手防御位置脱离并转换方向进行击打的技巧。

第三章 截拳道的战术应用

【实战应用】

实战中,双方手臂贴靠在一起,我上步近身的同时以后手拍击对手手腕,前手同时转换方向从对手头部侧面进行击打(图3-85~图3-87)。

【动作要点】

整个动作要轻快、迅猛,以防对手的反击。

图3-85

图3-86

图3-87

二、封手攻击战例

①实战中，我以前手中位直拳佯攻对手身体，当对手以手部进行格挡时，我后手拍击封制住对手手臂的同时以挂捶攻击对手面部（图3-88~图3-91）。

图3-88　　　　　　　　图3-89

图3-90　　　　　　　　图3-91

②实战中，我后手拍击对手拳法攻击的同时以前手直拳攻击对手面部，前手回收变窒手压制对手臂弯处，再以后手正掌攻击对手头部侧面（图3-92~图3-96）。

图3-92

图3-93

图3-94

图3-95

图3-96

③实战中，我以前手直拳诱攻，若对手以前手格挡，我以后手拍击封制对手手臂，前手抽回变直拳击打，动作不停，前腿上步变绊摔将对手击倒在地（图3-97~图3-101）。

图3-97

图3-98

第三章 截拳道的战术应用

图3-99

图3-100

图3-101

④实战中,当对手以左直拳攻击我头部时,我以前手膀手进行格挡,同时以后手擸手控制其手臂,前手挂捶攻击对手头部(图3-102~图3-105)。

图3-102

图3-103

图3-104

图3-105

⑤实战中,我以前手标指佯攻引诱对手格挡,前手变刁抓回拉的同时以后手直拳进攻对手面部,最后以臂锁控制对手(图3-106~图3-110)。

图3-106

图3-107

图3-108

图3-109

图3-110

⑥实战中，当对手以右直拳进攻我头部时，我以前手进行格挡，并顺势回拉变擸手控制对手手臂，同时以后腿拦门腿攻击对手膝关节（图3-111~图3-114）。

图3-111

图3-112

第三章 截拳道的战术应用

图3-113

图3-114

⑦实战中，当对手以右直拳进攻我头部时，我在前手进行格挡的同时以后手拍击对手的手臂，随后以前手掌攻击对手裆部（图3-115~图3-118）。

图3-115

图3-116

图3-117

图3-118

⑧实战中,当对手以右直拳攻击我头部时,我在前手进行格挡的同时以后手拍击控制住对手手臂,随后以正掌攻击对手面部(图3-119~图3-122)。

图3-119

图3-120

图3-121　　　　　　　　图3-122

【封手攻击法要点】

封手攻击法，如果没有经过长期系统的训练使其变成本能，实战中就无法奏效。同时用来对付那些不喜欢硬性格挡，而只是闪躲退让的对手，可能也是无效的。这只是特定的技巧，用在特定的方面。在街头格斗中，最好的方法就是不要纠缠，点对点地直接击打是最快速也是最能保持激烈运动战的方式，这也最符合无限制格斗的需要。

第五节　截拳道渐进间接攻击法

渐进间接攻击法是指以假动作佯攻来引诱对手做出反应，迫使对手暴露空当，然后快速反击对手。

与单一假动作攻击的区别是：渐进间接攻击法的第一个动作必须要有渐进的动作，即上步接近对手从而缩短与对手的攻击距离，还可以破坏对手的节奏，打乱对手的防守。

①双方警戒势对峙，我前脚向前上步的同时以前手中位直拳佯攻对手身体中盘，奏效后，再以前手直拳攻击对手头部（图3-123~图3-125）。

图3-123

图3-124　　　　　　　　　　图3-125

②双方警戒势对峙，我前移步的同时以前手直拳佯攻对手腰腹部，趁对手上当之际，再以后手直拳攻击对手头部（图3-126~图3-128）。

图3-126

图3-127　　　　　　　图3-128

③双方警戒势对峙,我后脚向前垫步,同时前腿提膝,以勾踢佯攻对手身体下盘,奏效后,再以后手直拳攻击对手头部(图3-129~图3-131)。

图3-129

图3-130　　　　　　　　图3-131

④双方警戒势对峙，我以前手标指佯攻对手头部，随后抓住战机，以前腿低位侧踢攻击对手膝关节或胫骨（图3-132~图3-135）。

图3-132　　　　　　　　　图3-133

图3-134　　　　　　　　　图3-135

【渐进间接攻击法实战应用要点】

渐进间接攻击法没有固定的方式，关键在于先前渐进的假动作佯攻必须要有效，注意当渐进的假动作奏效后转换到真实攻击时的衔接必须流畅、快速，一旦停滞僵缓，对手就会脱离我们的攻击范围或实施反击。

第四章
截拳道
身体素质与手靶训练

要想在实战中能够娴熟地运用好截拳道格斗技巧,除了掌握好标准的基本技术外,还需要花些时间进行一些专项的训练。这些专项训练有基本的身体素质训练与一些借助训练器械进行的专项辅助训练,这其中包括国际武术界通用的手靶训练。

第一节　身体素质训练

很多截拳道练习者都喜欢花很多时间去进行技战术的训练，而在身体素质方面却训练得极少。当然，在格斗中，技战术是重要的，但是这种技巧的发挥正是建立在良好身体素质基础之上的。

截拳道的身体素质训练主要有：发展身体柔韧性的伸展训练、增强力量的肌力训练以及提高心血管功能与耐力的有氧训练。

一、柔韧性训练

柔韧是指人体关节的活动幅度和肌肉韧带的弹性及伸展程度等方面所具备的能力。在截拳道中，柔韧性的好坏直接关系到基本技术施展的流畅程度与身体的平衡性。

在正式的柔韧训练前，可进行跑步与跳绳的练习，以促使身体发热，此时再练柔韧效果会更好。特别是在寒冷的冬季，一定要活动开身体再练柔韧，避免受伤。记住，动作一定要缓慢，不可突然用猛力强行搬压。

每次柔韧训练的时间最好控制在15～25分钟内，如果时间过长则会因肌肉过度疼痛而影响正式的训练。而每单个动作可先用15～30秒的练习时间慢慢拉伸，当拉伸至极限时，可保持该极限姿势数十秒钟，柔韧性好的练习者可根据自己练习的水平延长一定的时间。

根据李小龙个人的习惯，柔韧练习不一定非要在正式训练中来进行，日常生活中也可做些简单的柔韧练习。李小龙夫人琳达曾回忆说，李小龙经常在看电视的过程中进行压腿的拉伸练习。

下面介绍的几种伸展训练方法，应纳入每日必练的课程中。

1. 颈部伸展训练

自然站立，头部向左或向右做绕转练习（图4-1~图4-3）。

图4-1

图4-2

图4-3

2. 腕部伸展训练

自然站立，双手合十放在胸前，以一只手向另一只手用力推压，双手互换，反复练习（图4-4~图4-6）。

图4-4

图4-5

图4-6

3. 腰部训练

(1) 体前屈

自然站立,双脚分开略宽于肩,双臂相抱,腿部伸直,上体前屈,使身体尽量靠近腿部,反复练习(图4-7、图4-8)。

(2) 体侧屈

自然站立,双手交叉举过头顶,以腰为轴,向左或向右进行侧向的弯曲伸展(图4-9~图4-11)。

图4-7　　　　　图4-8

图4-9　　　　　图4-10　　　　　图4-11

4. 腿部训练

（1）弓步压腿

身体成弓步姿势，以自身的体重上下振压，拉伸腿部的柔韧，双腿互换，反复练习（图4-12、图4-13）。

图4-12

图4-13

（2）跪膝沉腰

双膝左右分开跪在地面，双手放在腰部，沉腰向下振压（图4-14）。

（3）劈叉

腿部柔韧练习一段时间后，可进行劈叉的练习，逐步改善腿部的柔韧性。

图4-14

二、力量训练

俗话说"无力不打拳""一力降十会",阐明了力量在武术中的重要性。与健美等其他体育运动中的力量训练不同的是,截拳道力量训练是以增强拳腿攻击发力为目的,而不是单纯地为了美感增大肌肉的块头。

肌力的训练分为利用自身体重的徒手力量练习与借助器械辅助的负重练习。这里,仅介绍几组经济、简便的徒手力量练习方法。

1. 俯卧撑

一个标准的俯卧撑,需要运用到手臂、胸、腹、臀、腿部等肌肉群相互紧密的配合,所以俯卧撑练习能锻炼到身体的每一个部位。

练习时,双手分开与肩同宽,掌心贴地支撑身体,头、脖子、后背、臀和双腿呈一条直线,腹部收紧,利用双手的肘部向身体外侧弯曲使身体下沉,稍后,身体再随肘部的回收升起,反复练习(图4-15、图4-16)。

图4-15

图4-16

2. 收腹两头起

李小龙常说："最重要的格斗形式之一就是对抗。为了适应对抗，腹部必须能够经得起拳的击打。"而收腹两头起就是锻炼腹部肌力的最佳练习方法之一。

图4-17

练习时，平躺在训练垫上，双腿并拢自然伸直，双臂伸直置于头顶上。以腹部为轴，腿与上体同时以腹部为中心靠拢，再展开还原，如此反复练习（图4-17）。

图4-18

如果有训练伙伴，传统的仰卧起坐也可以很有效地增强腹部肌力（图4-18、图4-19）。

图4-19

3. 单腿蹲起

单腿蹲起练习除了锻炼腿部的力量之外,还可以锻炼到身体的平衡与稳定性。

练习时,自然站立,抬起一腿并伸直稳住,以另一腿为支撑进行蹲起的练习,力竭后再换腿练习(图4-20、图4-21)。

图4-20　　　　　　　　图4-21

三、有氧训练

有氧训练属于长距离耐久力的训练,又称"心肺功能训练"。它是通过连续不断和反复多次的活动,并在一定时间内,以一定的速度和一定的训练强度,按要求完成一定的运动量,使心率维持在安全的范围内。

在截拳道中，有氧训练是不可忽视的重要的身体素质训练方法之一。试想，实战中，如果在耐力不足的情况下与对手打斗，会是怎样的后果。

李小龙认为，有氧训练的最好方法就是跑步与跳绳。

跑步时，可以经常变换跑步的速度与节奏，以使身体适应快节奏的武术对抗。

跳绳练习，可以双脚跳，也可以单脚跳，或者单双脚交叉变换跳。练习时，脚落地要轻灵，如猫行走般，学会利用脚掌与踝关节的弹性力。

除了跑步与跳绳，击影练习也是很好的有氧训练方法。练习时，假想面前站立一对手，练习者以各种技术与其进行或攻、或防的假想模拟对抗练习。长期进行击影练习还可以增强身体的灵活度。

第二节　手靶训练

截拳道手靶训练是李小龙借鉴西洋拳击手靶训练方法后创编出来的，也是截拳道的重要训练内容之一。它可以有效地提升练习者的击打力量、速度、组合技法的应用以及攻防转换的能力，是练为用的关键。

进行手靶训练，首先需要寻找一个能够知道如何执靶的训练伙伴。在国外职业拳击界，有专业的执靶师，专门为拳击手的训练做引导。

手靶训练分定靶与活靶两种。

一、定靶训练

所谓的定靶，即将靶固定在某一个位置，练习者进行单一的技法击打练习或者组合技法击打练习。

①陪练执靶，练习者进行单一的拳法击靶练习（图4-22、图4-23）。

②陪练执靶，练习者进行单一的腿法击靶练习（图4-24、图4-25）。

图4-22　　　　　　　　　图4-23

图4-24　　　　　　　　　图4-25

③陪练执靶,练习者进行组合拳法击靶练习(图4-26~图4-29)。

图4-26

图4-27

图4-28

图4-29

④陪练执靶,练习者进行组合腿法击靶练习(图4-30~图4-35)。

图4-30　　　　　　　　图4-31

图4-32　　　　　　　　图4-33

图4-34　　　　　　　　图4-35

⑤陪练执靶，练习者进行拳腿组合击靶练习（图4-36~图4-40）。

图4-36

图4-37

图4-38

图4-39

图4-40

二、活靶训练

所谓的活靶，即陪练执靶模拟真实的打斗场景，练习者进行攻击与防守反击的训练。

①陪练执靶，前手执靶模拟直拳攻击，练习者后闪躲避的同时上步以前手直拳击打陪练另一只手靶（图4-41~图4-43）。

图4-41

图4-42

图4-43

②陪练执靶,练习者以后手直拳击打手靶,陪练执另一只靶模拟水平钩拳攻击,练习者潜闪躲避的同时以后手直拳击打手靶(图4-44~图4-48)。

图4-44　　　　　　　图4-45

图4-46　　　　　　　图4-47

第四章 截拳道身体素质与手靶训练

图4-48

③陪练执靶，置前的手靶往前平推，练习者后滑步的同时以前手直拳击打靶面，陪练执靶后退，练习者后脚垫步接前踢击靶（图4-49~图4-54）。

图4-49

图4-50

图4-51

图4-52

图4-53

图4-54

图书在版编目(CIP)数据

截拳道初学指南 / 舒拥军编著. -北京：人民体育出版社，2017
ISBN 978-7-5009-5129-2

Ⅰ.①截… Ⅱ.①舒… Ⅲ.①截拳道-指南 Ⅳ.①G886.9

中国版本图书馆 CIP 数据核字（2017）第 038950 号

*

人民体育出版社出版发行
三河兴达印务有限公司印刷
新 华 书 店 经 销

*

850×1168　32 开本　5.75 印张　125 千字
2017 年 9 月第 1 版　2017 年 9 月第 1 次印刷
印数：1—5,000 册

*

ISBN 978-7-5009-5129-2
定价：22.00 元

社址：北京市东城区体育馆路 8 号（天坛公园东门）
电话：67151482（发行部）　　邮编：100061
传真：67151483　　　　　　　邮购：67118491
网址：www.sportspublish.cn
（购买本社图书，如遇有缺损页可与邮购部联系）